Noch steht die Kaiser-Wilhelm-Gedächtniskirche allein auf dem Breitscheidplatz. Auf dem abgeräumten Gelände dahinter entstand ab 1963 das Europa-Center mit dem damals höchsten Gebäude Berlins.

Berlin

Die 50er- und 60er-Jahre in Farbe

Beim Bummel über den Kurfürstendamm, hier in den frühen 60er-Jahren, waren die charakteristischen Schaukästen mitten auf dem Bürgersteig zu bewundern.

Michael Sobotta

Berlin

Die 50er- und 60er-Jahre in Farbe

SUTTON

Zu den wenigen Menschen, die zu dieser Zeit schon ein eigenes Auto besaßen, gehörte auch eine Arzt-Familie aus Ost-Berlin, zu erkennen an der Autonummer „IA". Fahrzeuge aus West-Berlin führten damals ein „KB" (Komandantura Berlin) im Kennzeichen. Der alte VW-Käfer daneben gehörte offensichtlich zu den Fahrzeugen der westlichen Alliierten.

Einband vorn: Am Kurfürstendamm, 1965.
Vorsatz: Mitte der 1950er-Jahre läuft der Verkehr noch ungestört durch das Brandenburger Tor.
Nachsatz: Kurfürstendamm/Ecke Joachimsthaler Straße, genau gegenüber dem berühmten „Café Kranzler".
Einband hinten: Ein typischer Berliner Zeitungskiosk.

Bildnachweis
Uli Rössiger: Vorsatz, S. IV, 4, 24/25, 64, 104/105, 106, 108, 109 oben, 110, 111.
Alle anderen Fotos stammen aus dem Archiv des Autors.

Impressum

Sutton Verlag GmbH
Infanteriestraße 11 a
80797 München
www.suttonverlag.de

2. Auflage 2025
ISBN: 978-3-96303-316-2
Druck: Florjančič Tisk d.o.o. / Slowenien
Gestaltung und Herstellung: Sutton Verlag

In diesem Buch wird aus Gründen der besseren Lesbarkeit das generische Maskulinum verwendet. Weibliche und anderweitige Geschlechteridentitäten werden dabei ausdrücklich mitgemeint, soweit es für die Aussage erforderlich ist.

Inhalt

Am 12. Mai 1949 endete nach insgesamt 322 Tagen die von den westlichen Alliierten zur Versorgung West-Berlins eingerichtete Berliner Luftbrücke. Am 17. Juli 1951 wurde in Erinnerung daran auf dem Platz vor dem Flughafen Tempelhof das Luftbrückendenkmal feierlich eingeweiht

Einleitung

Während man mit ein wenig Glück auch heute noch alte Agfacolor-Dias aus der Zeit von 1936 bis 1943 finden kann, sind Farbdias aus der Zeit nach dem Zweiten Weltkrieg bis Anfang der 50er-Jahre in Deutschland nur sehr selten zu finden. Nur die ehemalige Agfa-Filmfabrik in Wolfen war damals in der Lage, Farbdiafilme zu produzieren, wenngleich – bedingt durch die Reparationsleistungen an die Sowjetunion – nur in geringem Umfang. Selbst die noch bis Anfang der 50er-Jahre in der Bundesrepublik Deutschland von der Firma Agfa in Leverkusen verkauften Farbdiafilme stammten alle aus der DDR-Produktion.

Dieses Buch zeigt ausschließlich Farbdias, die von Foto-Amateuren aufgenommen wurden. Das Besondere ist aber, dass im Gegensatz zu den Aufnahmen in meinen bisherigen Berlin-Büchern alle Farbdias nach dem HDR-Verfahren digitalisiert wurden.

HDR steht für „High Dynamic Range“ und ist eine Technologie, um Farben und Kontraste kräftiger zum Ausdruck zu bringen. Oft kommt es vor, dass Bilder an einigen Stellen zu dunkel oder zu hell sind und keine gleichmäßige Helligkeit haben. Details lassen sich dann oft kaum noch erkennen. Dieses Verfahren kommt heutzutage auch bei fast allen Fernsehern der neuesten Generation zur Anwendung.

Dabei wird das Dia mehrfach in den verschiedensten Helligkeitsstufen gescannt und anschließend werden die einzelnen gescannten Bilder mit einem speziellen HDR-Programm zu einem Bild zusammengesetzt, wobei die eigentlich zu hellen Stellen des Bildes nicht mehr überbelichtet und die dunklen Stellen nicht mehr in tiefem Schwarz versinken

Bei dieser Methode bleibt der ursprüngliche Farb-Charakter des Bildes erhalten. Eine weitere Bildbearbeitung wurde bei den Bildern in diesem Band bewusst nicht vorgenommen.

Viel Vergnügen beim Blättern in diesem Buch.

Michael Sobotta

Feierliche Enthüllung des Luftbrückendenkmals. Die drei herausragenden Rippen dieses Betonmonuments stehen symbolisch für die Luftkorridore zwischen Berlin und dem Westen Deutschlands.

Erinnerung an die Luftbrücke

Tausende Berliner beobachten die Feierlichkeiten, sogar von den Dächern der umliegenden Häuser.

Einweihung des Luftbrückendenkmals 1951.

An der Rückseite des Flughafengebäudes sind die Treppenhäuser für die nie für Luftfahrtschauen genutzte Dachterrasse zu erkennen.

Das bereits am 11. November 1945 in unmittelbarer Nähe des Brandenburger Tores zur Erinnerung an die etwa 80.000 bei der Schlacht um Berlin gefallenen sowjetischen Soldaten errichtete Ehrenmal gab auch immer wieder Anlass für Streitigkeiten zwischen den vier Alliierten.

Kalter Krieg am Brandenburger Tor

Aus welchem Anlass am bereits zum sowjetischen Sektor gehörenden Brandenburger Tor 1950 die ostzonale Volkspolizei aufgezogen war und aus welchem Grund man dort eine Mauer errichtete, ist leider nicht herauszufinden gewesen. Da sich das sowjetische Ehrenmal im britischen Sektor Berlins befand, wurde bei allen besonderen Vorfällen auch immer die britische Militärpolizei hinzugezogen (Bild unten links).

„Tag der Heimat“ 1951 in der Berliner Waldbühne.

In der Waldbühne

Schultheiss

Zeitgleich zu den dritten Weltjugendfestspielen im Ost-Berliner Walter-Ulbricht-Stadion trafen sich am 5. August 1951 die Heimatvertriebenen in der West-Berliner Waldbühne zu ihrem „Tag der Heimat". Aus diesem Anlass hielt auch Ernst Reuter, Oberbürgermeister der Westsektoren Berlins, unverwechselbar mit seiner berühmten Baskenmütze (Bild oben), eine Rede.

Rund um die Gedächtniskirche

Auf den ersten Blick kaum zu erkennen: Der Kurfürstendamm kreuzt die Joachimsthaler Straße, Anfang der 50er-Jahre. Nach dem Abriss des erst 1951 errichteten Flachbaus mit dem „Café Kranzler" entstand 1957/58 der noch heute bestehende markante zweigeschossige Bau mit aufsitzender Rotunde und rot-weiß gestreifter Markise.

Überweg
Fußgänger

WIEN
2. MONAT
Die Sünderin

Gleich neben dem alten Flachbau mit dem „Café Kranzler“ und dem „Hotel am Zoo“ lief 1951 in der Filmbühne Wien der Film „Die Sünderin“. Nach der Premiere waren die Sittenwächter außer sich und die Kirchen riefen zum Boykott des Films auf. Die Hauptdarstellerin Hildegard Knef hatte danach Schwierigkeiten, neue Rollen zu finden.

Reges Treiben auf dem Kurfürstendamm, um 1955.

hochparterr
210
Kassenlieferan

Behelfsbauten auf den nach dem Krieg abgeräumten Grundstücken am Kurfürstendamm und an der Kantstraße/Ecke Hardenbergstraße beherrschten in den 50er-Jahren noch das Straßenbild.

Noch bis in die 60er-Jahre betrieb die bekannte Firma Aschinger ein Restaurant in einem Behelfsbau direkt am Bahnhof Zoo.

Links vom Berliner Aquarium steht bereits der Rohbau vom Bikinihaus.

Das Bild oben zeigt deutlich, dass große Teile der Gedächtniskirche den Krieg einigermaßen überstanden hatten. Mitte der 50er-Jahre beauftragte der Berliner Senat den Karlsruher Professor Egon Eiermann, das Gotteshaus wieder aufzubauen. Dieser betrachtete den damals notdürftig gesicherten Kirchenturm nur als „Steinhaufen" und wollte an seiner Stelle drei kubusartige Baukörper aus Betonskeletten mit farbigen Glassteinen als Wände errichten. Nach Protesten der Berliner Bevölkerung gab Eiermann im Frühjahr 1958 in Berlin klein bei und fand sich mit dem Erhalt der Turmruine als Teil seines Gesamtensembles ab. Teile des Chors und des Kirchenschiff-Mauerwerks wurden allerdings abgerissen.

KB 038 228

An Stelle der im Krieg zerstörten Ausstellungshallen am Zoo entstand 1956 das Kino „Zoo Palast" mit zwei Sälen (Halle I mit 1.070 Plätzen und Halle II mit 550 Plätzen). Als Teil des neuen West-Berliner Zentrums am Zoo entstand gleichzeitig das Bikinihaus, so genannt wegen des Luftgeschosses zwischen dem unteren und oberen Teil des Gebäudes.

Der Kurfürstendamm an der Kreuzung Joachimsthaler Straße. Damals bestimmten noch nicht die Luxus-Geschäfte das Bild. Wie man ganz links sehen kann, gab es sogar noch ein richtiges Fleischereigeschäft, eine Filiale der bereits 1853 gegründeten ältesten Fleischfabrik Berlins.

Am Kurfürstendamm

An der Stelle des im Krieg zerstörten Romanischen Hauses mit dem Kino „Gloria-Palast" entstand 1953 der Neubau mit einem neuen „Gloria-Palast".

Ein typischer Berliner Zeitungskiosk.

Am Kurfürstendamm prägten noch lange Baulücken und Behelfsbauten das Straßenbild. Nach dem Krieg waren von 235 Häusern noch 43 bewohnbar. Die restlichen 192 waren vollkommen zerstört.

Blick auf den winterlichen Kurfürstendamm vom Bahnhof Halensee bis hin zur Gedächtniskirche am Horizont.

Seesener Straße
31 – 54
Schöneberg
Tempelhof

Am winterlichen Kurfürstendamm präsentiert das Autohaus Eduard Winter seine Autos in einem für die 50er- und 60er-Jahre typischen Flachbau.

Erste, am Ende aber vergebliche Versuche, mit einem Umzug am Kurfürstendamm den Karneval in Berlin zu etablieren (siehe auch Bild unten links), 1955.

MAMPE
ONKO KAFFEE
Bismarckplatz

Der Blick auf den Kurfürstendamm 1957 zeigt dem Betrachter eine Vielzahl interessanter Details. In Verlängerung erkennt man hinter der Gedächtniskirche in der Budapester Straße die Baustelle für das neue „Hotel Hilton“ und rechts den Turm mit der Leuchtreklame auf dem Gelände des späteren Europa-Centers. Die heutige Budapester Straße war bis 1925 Teil des Kurfürstendamms. Nach dem plötzlichen Tod von Reichspräsident Friedrich Ebert wurde die damalige Budapester Straße zwischen Potsdamer Platz und Brandenburger Tor in Friedrich-Ebert-Straße (heute Ebertstraße) umbenannt. So wurde aus dem Kurfürstendamm Nr. 1 bis 10 die Budapester Straße und daher beginnt der Kurfürstendamm bis heute mit der Hausnummer 11.

INTERB

Interbau 1957

Das Giraffen-Hochhaus, benannt nach dem gleichnamigen Restaurant im Erdgeschoss des Hauses, war das erste Bauprojekt zur Internationalen Bauausstellung 1957 im neuen Hansa-Viertel. Es wurde auch „Junggesellenhaus" genannt, denn außer zwei Penthäusern in der obersten Etage gab es ursprünglich nur Einzimmerwohnungen mit maximal 42 Quadratmetern. Besonders interessant ist das gelbe Postauto auf der Straße des 17. Juni, denn schon seit den 30er-Jahren wurde die Post in Berlin mit elektrisch angetriebenen Fahrzeugen ausgefahren, die wegen ihres singenden Fahrgeräusches im Volksmund „Suppentriesel" genannt wurden.

Eine besondere Attraktion war die extra zur IBA 1957 errichtete Seilbahn vom Bahnhof Zoo bis zum Ausstellungsgelände im Tiergarten.

Im Hintergrund der gesprengte Flakbunker am Bahnhof Zoo.

Direkt neben der „Talstation" liegen noch die Trümmer vom gesprengten Zoo-Bunker.

Zurück am Bahnhof Zoo.

Eine weitere Attraktion war der am Hansaplatz aufgestellte 57 Meter hohe Schaukran mit zwei Aussichtsgondeln.

Blick vom Hansaplatz auf die nahegelegene Siegessäule am Großen Stern.

Als Beitrag der USA zur Internationalen Bauausstellung Interbau 1957 wurde 1956/1957 die Kongresshalle am Ufer der Spree errichtet. ▼

Die Berliner Mauer an der Bernauer Straße mit der Mauer der „ersten Generation", bestehend aus Hohlblock-Platten und -Steinen, Anfang der 60er-Jahre. Der U-Bahnhof Bernauer Straße wurde mit dem Mauerbau am 13. August 1961 geschlossen und damit – wie fünf weitere Stationen entlang der Linie unter dem Ost-Sektor – zu einem „Geisterbahnhof", an dem die Züge ohne Halt durchfuhren.

Berliner Mauer

Im Zuge des ständigen Ausbaus der Berliner Mauer ist diese hier an der Ackerstraße bereits durch aufeinander gestapelte Betonplatten ersetzt.

Bernauer Straße/Ecke Wolliner Straße. Was der Grund für diesen Einsatz der West-Berliner Polizei war (Bild unten), lässt sich leider nicht mehr feststellen.

Während die Häuser an der Bernauer Straße bereits zu Ost-Berlin, der Bürgersteig aber bereits zu West-Berlin gehörte, kam es nach dem Mauerbau immer wieder zu teils dramatischen Fluchtversuchen der Bewohner, sodass die Ost-Berliner Behörden sehr schnell alle Fenster zumauern ließen.

Nach und nach wurden alle Gebäude an der Bernauer Straße bis auf die 1892 erbaute Versöhnungskirche abgerissen. Am 22. Januar 1985 veranlasste die DDR-Regierung die Sprengung der Kirche und sechs Tage später auch des Turmes.

Gut ein Jahr nach Errichtung der Berliner Mauer ließen die DDR-Grenzer am Freitag, dem 17. August 1962, um etwa 14.15 Uhr den bei seinem Fluchtversuch angeschossenen 18-jährigen Peter Fechter direkt

an der Mauer verbluten, ohne Hilfe zu leisten. Am zur Erinnerung an der Zimmerstraße errichteten Mahnmal fanden jedes Jahr, wie hier 1963, Gedenkfeiern und Kranzniederlegungen statt.

Gedenkstätte für die Ermordung Peter Fechters an der Zimmerstraße, unweit vom „Checkpoint Charlie" an der Friedichstraße.

Gedenkstätte an der Spree am Grenzübergang Oberbaumbrücke zu Erinnerung an die vielen unbekannten Mauertoten.

Am 26. Juni 1963 besuchte John F. Kennedy als erster US-amerikanischer Präsident nach dem Bau der Berliner Mauer anlässlich des 15. Jahrestages der Berliner Luftbrücke West-Berlin. Dort hielt er am Schöneberger Rathaus vor Zehntausenden Berlinern seine berühmte „Ich bin ein Berliner"-Rede.

Die Kennedys in Berlin

Danach ging es vom Schöneberger Rathaus unter dem Jubel der die Straßen säumenden Berliner zu einem Besuch der US-Truppen im Süden Berlins.

Bereits ein Jahr zuvor, am 22. Februar 1962, hatte Präsident Kennedy seinen Bruder, den US-Justizminister Robert F. Kennedy, nach Berlin geschickt, wo dieser mit dem damaligen Regierenden Bürgermeister Willy Brandt im offenen Wagen zum Schöneberger Rathaus fuhr.

Ende der 50er-Jahre sind sowohl am vom Architekten Peter Behrens entworfenen Berolinahaus (links) und am Alexanderhaus (rechts) die Kriegsschäden beseitigt. Außer dem Roten Rathaus waren noch weitere alte Gebäude erhalten, die aber im Zuge der Umgestaltung des Alexanderplatzes alle abgerissen wurden.

Ost-Berlin

An Stelle des im Krieg zerstörten einstmals größten Warenhauses der Welt, Hertie am Alexanderplatz, befand sich in den 50er-Jahren nur noch eine große Rasenfläche.

Das im Krieg beschädigte Rote Rathaus wurde in den Jahren 1951 bis 1956 nach Plänen des Architekten Fritz Meinhardt für den Ost-Berliner Magistrat aufwendig wiederhergestellt.

Auch an vielen Häusern im Umfeld des Roten Rathauses konnten die Kriegsschäden beseitigt werden. Trotzdem wurden die meisten von ihnen für die Umgestaltung Ost-Berlins wieder abgerissen.

Blick von der Rathausbrücke (bis 1896 Lange Brücke, bis 1951 Kurfürstenbrücke) über die Spree bis hin zum Alexanderplatz. Nur das schmale Gebäude in der Poststraße (vor der sonnigen Fassade des Roten Rathauses) ist heute noch erhalten und eines der wenigen alten Häuser im zur 750-Jahr-Feier Berlins rekonstruierten Nikolaiviertel.

R-F-T
FOTO
KINO
OPTIK

Die Ursprünge der Stalinallee gehen auf einen Plan des Architekten Hans Scharoun für die Neugestaltung ganz Berlins zurück. Dieser „Kollektivplan“ sah eine rigorose Neuaufteilung der Stadt mit lockerer Bebauung und viel Grün vor. Entlang der Stalinallee baute man schon 1949/50 zwei Laubenganghäuser, die auf Scharouns Vorstellungen zurückgingen. Dann aber setzte man den Plan außer Kraft und errichtete die Stalinallee ab 1951 nach Plänen des Architekten Hermann Henselmann und entsprechend dem Vorbild des „Sozialistischen Klassizismus“ der Sowjetunion der Stalinzeit.

Wegen der breiten Vielfalt an Geschäften war die Stalinallee auch eine gern besuchte Einkaufsstraße für die Ost-Berliner.

Kurz vor Ende der repräsentativen Bebauung am Frankfurter Tor bilden die zwei von Hermann Henselmann entworfenen Türme nach dem Straußberger Platz den zweiten architektonischen Höhepunkt der Stalinallee (siehe nebenstehende Seite). Ihre Kuppeln erinnern an die Gontard'schen Türme des Deutschen und Französischen Doms am Gendarmenmarkt.

PHILIPS
LOEWE

West-Berlin als Baustelle

Das Kirchenschiff der Kaiser-Wilhelm-Gedächtniskirche ist bereits vollständig abgetragen und am Turm finden letzte Sicherungsarbeiten statt. Auf dem Gelände im Vordergrund wechselten sich Catcher, Zirkusleute und Missionare in behelfsmäßigen Bauten ab, daneben gab es Imbissbuden und auch mal ein Kino mit erotischen Unterhaltungsfilmen. 1963 begannen erste Bauvorbereitungen für den Neubau des Europa-Centers an der Tauentzienstraße.

Bauarbeiten rund um die Gedächtniskirche. An der offenen Etage in der Mitte des Hauses erkennt man deutlich, warum das Bikinihaus bei den Berlinern diesen Namen bekommen hat.

Mit der Einweihung am 17. Dezember 1961 durch den Landesbischof Otto Dibelius endete der Streit um den Wiederaufbau der Kaiser-Wilhelm-Gedächtniskirche mit einem Kompromiss, der sowohl vom Architekten als auch von den Berlinern widerstrebend akzeptiert wurde. Der 71 Meter hohe Turm der Ruine blieb als Mahnmal gegen den Krieg erhalten. Umsäumt von einem vierteiligen Bauensemble nach den Entwürfen Egon Eiermanns, bestehend aus einem achteckigen Kirchenschiff mit einem rechteckigen Foyer im Westen des alten Turmes sowie einem sechseckigen, 53 Meter hohen Glockenturm und einer ebenfalls rechteckigen Kapelle östlich davon.

Berliner Verkehr

An der Hardenbergstraße eilen die Fußgänger hinüber zum Bahnhof Zoo, dem bis zum Mauerfall einzigen Fernbahnhof in West-Berlin. Im Hintergrund sind bereits die ersten Etagen des Schimmelpfeng-Hauses erkennbar, das bis zu seinem Abriss 2009 mit seiner charakteristischen Überbauung der Kantstraße das Stadtbild rund um die Gedächtniskirche prägte.

Im Jahr 1955 begann man mit den Arbeiten für die U-Bahn-Linie 9 zwischen Rathaus Steglitz und Osloer Straße im Wedding. Die Arbeiten gestalteten sich besonders schwierig, weil auf der geplanten Strecke insgesamt vier U-Bahn-Linien, zwei S-Bahn-Strecken und drei Wasserläufe unterquert werden mussten. Auch durfte hier auf der Linie U1, der ältesten U-Bahn-Strecke der Stadt, der Verkehr während der Bauarbeiten nicht unterbrochen werden. Die Fertigstellung der gesamten Strecke erfolgte übrigens erst 1976.

Vereinigte Leben
SCHARPF
Cordes
KUNDENKREDITBANK
DISCONTO BANK
ANKAUF

TELEFUNKEN
GEBR. HERTLING
BERLIN

Autobus H
Chocolat Tobler

Nach dem Bau der Berliner Mauer im Jahr 1961 waren Neubauten als Symbole für den Lebenswillen und die Lebensfähigkeit West-Berlins politisch erwünscht und wurden entsprechend gefördert. Am Breitscheidplatz als zentralem Platz der westlichen City plante man ein Büro- und Einkaufszentrum nach amerikanischem Vorbild. Im November 1963 begannen die Bauarbeiten. Mit der Einweihung durch den damaligen Regierenden Bürgermeister Willy Brandt am 2. April 1965 war ein Gebäudekomplex aus Glas und Stahl (80.000 m^2 Gesamtfläche) mit Kinogebäude, Hotel, Appartementhaus und Büroturm mit einer Höhe von 86 Metern entstanden. Das Wahrzeichen des Europa-Centers ist der weithin sichtbare Mercedes-Stern mit einem Durchmesser von zehn Metern auf dem Dach des Büroturms.

TELEFUNKEN
ZOO PALA
Zoolog. Garten

Das rund 60 Meter hohe Hochhaus am Hardenbergplatz gegenüber vom Bahnhof wurde in den Jahren von 1955 bis 1957 als Teil des „Zentrums am Zoo" mit Wiederaufbaumitteln aus dem US-Marshallplan errichtet. In dem anfangs „DOB-Hochhaus" genannten Gebäude befanden sich Büros und Ausstellungsräume von Herstellern der Damen-Oberbekleidung, die ihre Textilien im benachbarten Bikinihaus mit bis zu 700 Nähmaschinen produzieren ließen. Auf dem Bild oben erkennt man in der entgegengesetzten Richtung ganz links das zum Ensemble gehörende Bikinihaus.

Die erste elektrische Straßenbahn der Welt fuhr ab dem 12. Mai 1881 im Berliner Vorort Groß-Lichterfelde. Seitdem waren die gelben Wagen aus dem Berliner Stadtbild nicht mehr wegzudenken. Im Gegensatz zum Ostteil der Stadt wurde im Westteil der Straßenbahnbetrieb mit einem Korso aus geschmückten Fahrzeugen der Linie 55 von Spandau zum Bahnhof Zoologischer Garten eingestellt.

55 Nollendorfplatz 55
3728

Ein Pilsner... aber
ENGELHARDT

Ein Pilsner... aber
ENGELHARDT
ENGEL RDT!
ENGELHARDT
ENGELHARDT

Die bereits 1860 auf der Halbinsel Stralau in Berlin-Treptow gegründete Engelhardt-Brauerei, zeitweise die zweitgrößte Brauerei Deutschlands, übernahm im Jahre 1910 die Kaiserbrauerei in Berlin-Charlottenburg. In der Danckelmannstraße wurde das „Charlottenburger Pilsener“ gebraut, das wohl beliebteste Bier im ehemaligen Westteil Berlins. Noch bis in die 60er-Jahre wurde es zum Teil noch traditionell von Bierkutschern ausgefahren. Hier überquert ein solches Vierergespann gerade den Fehrbelliner Platz in Berlin-Wilmersdorf.

Der Flughafen Tempelhof ermöglichte es seinen Passagieren, unter dem riesigen Hallendach die Flugzeuge bei jedem Wetter trockenen Fußes zu erreichen. Der vordere, offene Teil des mit einer Länge von 1.230 Metern wahrscheinlich längsten Gebäudes Europas diente der zivilen Luftfahrt. Der hintere Teil mit den geschlossenen Hallen gehörte zum von der amerikanischen Luftwaffe genutzten militärischen Teil des Flughafens. Auf dem Bild kann man auch gut erkennen, dass das Oval des Hallendachs einmal als Besucherterrasse für Veranstaltungen wie den Reichsflugtag geplant war. Die Treppenaufgänge für die Zuschauer waren schon errichtet, aber zum Innenausbau kam es nicht mehr.

PAN AMERICAN
N6103C

Bis zur deutschen Wiedervereinigung 1990 durfte der Flughafen nur von Flugzeugen der drei Westalliierten, hier britische Verkehrsflugzeuge mit Turboprop-Antrieb vom Typ Vickers Viscount, genutzt werden.

Düsenflugzeuge der amerikanischen Fluggesellschaft Pan Am und der britischen BEA neben einer alten Douglas C-47 der amerikanischen Luftwaffe.

Freizeit und Erholung

Ein beliebtes Ausflugsziel der Berliner war die im Rahmen der Internationalen Bauausstellung 1957 errichtete Kongresshalle. Das Restaurant hinter der Kongresshalle, direkt an der Spree gelegen, ermöglichte auch den Motorbootfreunden auf den Berliner Gewässern einen ungehinderten Restaurantbesuch mit ihren Booten.

Wer kein eigenes Boot besaß, fuhr mit einem der vielen Ausflugsdampfer über Spandau weiter bis zur Greenwich-Promenade am Tegeler See.

Am Tegeler See boten sich zahlreiche Möglichkeiten, die Dampferfahrt für einen Besuch in einem der vielen Gartenlokale direkt am Wasser zu unterbrechen.

Der Sommergarten am Berliner Funkturm während der Industrieausstellung 1963.

Das Palais auf dem Messegelände unterm Funkturm wurde im Rahmen der Internationalen Bauausstellung in den Jahren 1956/1957 als eine der modernsten Veranstaltungsstätten Deutschlands erbaut und diente in den 60er- und 70er-Jahren als Restaurant und regelmäßig als Veranstaltungsort für Bälle.

Restaurant

KOLONIE zur WINDMÜHLE
Kolonie „Zur Windmühle"

Erde, Wasser, Luft und Sonne,
sind des Kleingärtners Freud' u. Wonne
-BRITZ
KOL. MARIENFELD

In Berlin gibt es ungefähr 900 Anlagen mit etwa 70.000 Kleingärten. Eine davon ist die bereits 1932 auf dem brachliegenden Ackerland des Gutes Britz gegründete Kolonie „Zur Windmühle". Namensgebend war die benachbarte, 1865 erbaute Holländerwindmühle, eine der acht verbliebenen Windmühlen Berlins. Die Kolonie „Zur Windmühle" beteiligte sich mit ihren blumengeschmückten Fahrzeugen an den traditionellen Umzügen durch den Bezirk Neukölln.

Am Alexanderplatz

Am Ende des Zweiten Weltkrieges war die Gegend um den Alexanderplatz weitgehend zerstört. In den 60er-Jahren ließ dann die Ost-Berliner Verwaltung das ganze Areal im Zentrum der DDR-Hauptstadt – mit Ausnahme des Alexander- und des Berolinahauses – vollkommen umgestalten. Von der neben dem „Haus des Lehrers" 1964 eröffneten Kongresshalle geht der Blick durch die Alexanderstraße hin zum Bahnhof Jannowitzbrücke.

H

Von der Alexanderstraße geht der Blick zurück zum Alexanderplatz.

Hochhäuser an der seit dem 13. November 1961 in Karl-Marx-Allee umbenannten Stalinallee.

Auf der Fischerinsel wachsen bereits die ersten Hochhäuser aus dem Boden, obwohl noch nicht alle Altbauten abgerissen sind.

BERLIN WÄHLT
FRIEDEN
DEMOKRATIE
SOZIALISMUS

Das am 9. September 1964 eröffnete, 54 Meter hohe „Haus des Lehrers" ist mit seinem aus 800.000 Mosaiksteinen bestehenden umlaufenden Fries ein besonderer „Hingucker".

Besucher vorm „Kino International“ in der Karl-Marx-Allee. Im Hintergrund ist die auch in einem Schlager besungene „Mokka-Milch-Eisbar“ an der Berliner Karl-Marx-Allee 35 zu sehen.

Durch den von Thomas Natschinski komponierten Schlager „In der Mokka-Milch-Eisbar" wurde dieser Treffpunkt der Jugend in der ganzen DDR bekannt.

HAUS WIEN
WIEN
FILM BÜHNE
Brillanten, Juwele
ANKAUF

Bereits Anfang der 50er-Jahre zeigt sich der Kurfürstendamm mit seinen typischen Schaukästen auf dem Bürgersteig im hellen Lichterglanz. Rechts vom „Hotel am Zoo“ bis hin zur Joachimsthaler Straße prägen aber provisorische Nachkriegsbauten das Bild.

Der erleuchtete Kurfürstendamm zwischen Joachimsthaler Straße und Kaiser-Wilhelm-Gedächtniskirche, 1957. Der Fotograf dieses Bildes hatte glücklicherweise gleich zwei verschiedene Aufnahmen vom selben Standpunkt aus gemacht, sodass es jetzt möglich war, zwei Bilder zu einem Panorama zusammenzufügen.

RESTAURANT STADTKÜCHE
DeTeWe
Rollenhagen

Bereits 1950 wurde am Kurfürstendamm 211 in einem der ersten wiederhergestellten Gebäude nach dem Krieg das „Maison de France" als französisches Kulturzentrum in West-Berlin eröffnet.

Blick zum Bahnhof Zoo.

Anlässlich der Berlinale, der ersten Internationalen Filmfestspiele Berlin 1951, lief im Kino „Marmorhaus" am Kurfürstendamm der mit dem Goldenen Bären ausgezeichnete Schweizer Spielfilm „Die Vier im Jeep".

Die Vier im Jeep

Kurfürstendamm bei Nacht.

Der Alex bei Nacht.

Der 1953 neu errichtete „Gloria Palast" am Kurfürstendamm 12.

Nächtlicher Schaufensterbummel am Kurfürstendamm.

Kurfürstendamm/Ecke Joachimsthaler Straße, genau gegenüber dem berühmten „Café Kranzler“.

TELE
FUN
KEN
Kurfürsten
Joachimstaler Str.
PAA
Palm
PAA